Ich verstehe Dich – Du verstehst mich
Von der Kunst, miteinander sprechen zu können

Uwe Böschemeyer

Ich verstehe Dich
Du verstehst mich
Von der Kunst, miteinander sprechen zu können

Ellert & Richter Verlag

Bildnachweis/Impressum

Bildnachweis
Titelabb.: Otto Stadler, Geisenhausen
Marion Nickig, Essen: S. 31, 34/35
Andreas Riedmiller; Oberzollhaus: S. 7, 10/11, 16/17, 40/41, 48/49, 52/53

Die Deutsche Bibliothek – CIP-Einheitsaufnahme

Böschemeyer, Uwe:
Ich verstehe Dich – Du verstehst mich / Uwe Böschemeyer. – Hamburg : Ellert & Richter, 2002
ISBN 3-8319-0091-4

© Ellert & Richter Verlag GmbH, Hamburg 2002

Dieses Werk einschließlich aller seiner Teile ist urheberrechtlich geschützt. Jede Verwendung außerhalb der engen Grenzen des Urheberrechtsgesetzes ist ohne Zustimmung des Verlages unzulässig und strafbar. Dies gilt insbesondere für Vervielfältigungen, Übersetzungen, Mikroverfilmungen und die Einspeicherung und Verarbeitung in elektronischen Systemen.

Gestaltung: Büro Brückner + Partner, Bremen
Satz: KCS GmbH, Buchholz/Hamburg
Lithographie: ORC, Offset-Repro im Centrum, Hamburg
Druck: Ara-Druck GmbH + Co KG, Stuttgart
Bindung: Buchbinderei S. R. Büge GmbH, Celle

Inhalt

6   Vorwort

8   Von der Macht der Worte

12 Die wichtigste Voraussetzung für ein gutes Gespräch

18 Anregungen für ein gutes Gespräch

32 Gesprächsfallen

50 Zehn Leitsätze für ein gutes Gespräch

Vorwort

Nichts im Leben ist wichtiger als Sinnfindung. Eine ihrer wichtigsten Voraussetzungen ist gutes Verstehen von Mensch zu Mensch. Verstehen aber entwickelt sich nur dann, wenn Menschen verständnisvoll miteinander sprechen. Daher haben die meisten Probleme und Konflikte, die Sinnfindung einschränken oder behindern, ihre Ursache in mißlingenden Gesprächen. Und das müßte nicht sein. Denn es gibt Voraussetzungen und „Spielregeln" für gelingende Kommunikation.

Im folgenden ist nicht von Small talk oder Konversation die Rede. Diese gesellige Form des Redens kann leicht, unterhaltsam und vergnüglich sein. Sie ist auch notwendig, weil niemand ständig „tiefschürfende" Gespräche führen kann, ohne auf Dauer seine Leichtigkeit zu verlieren. In diesem Buch soll jedoch von *weiterführenden* Gesprächen die Rede sein, d. h. von solchen, in denen Probleme gelöst, Beziehungen verbessert und neue Perspektiven gemeinsamen Lebens gesucht werden.

Es ist mir ein Vergnügen, liebe Leser, Sie mit der Kunst eines guten Gesprächs mehr noch als bisher vertraut zu machen.

Von der Macht der Worte

Sie kennen das: Worte können anstacheln und aufrütteln. Sie können verführen und umstimmen. Manche treffen ins Herz. Manche verschließen oder öffnen den Mund. Wieder andere treffen uns wie ein Keulenschlag oder wirken wie ein reinigendes Gewitter.

Manchmal können Worte uns bewegen oder ergreifen. Manchmal führen sie uns weiter. Einige ärgern und verletzen uns, versetzen uns in Wut oder machen uns krank. Andere richten uns auf, beglücken oder berauschen uns, erfreuen und erwärmen unser Herz. Dann sind da jene kostbaren Worte, die wie Balsam für unsere geschundene Seele sind und uns heilen. Und wie glücklich sind wir über jedes erlösende Wort!

Anders die Worte, die die Wahrheit verbergen, die falsche Vorstellungen wecken und in die Irre führen, die die eigene Seele von sich selbst entfremden und sie niederziehen. Wie befreiend sind Worte, die Unwahres aufdecken und Verworrenes klären.

Worte wirken, Worte wirken sich aus. Worte sind Mächte, die uns und andere und die Welt verändern können. Jedes Wort, das Menschliches meint, wirkt in uns, wirkt auf andere und wirkt wieder auf uns selbst zurück.

Worte, die wir zum Aus-Druck bringen, sind Ausdruck der Seele und des Geistes. Sie spiegeln wider, was wir denken, empfinden und fühlen. Sie spiegeln wider, was in uns vorgeht. Sie begründen auch den größten Teil unserer Ausstrahlung auf andere.

Die wichtigste Voraussetzung für ein gutes Gespräch

Ich liebe das Gespräch. Das Gespräch mit mir selbst und mit anderen. Ich liebe es deshalb, weil es mir die Möglichkeit gibt, als Mensch nicht stehenzubleiben, sondern weiterzukommen. Und das ist möglich! Da ist nur ein Problem. Denn: „*Zwei* Seelen wohnen, ach, in meiner Brust." Dieses Wort, das oft lächelnd zitiert wird, hat einen tiefen Ernst. Was bedeutet es?

Das Gespräch mit mir selbst ist ein Zwiegespräch, das in meiner eigenen Seele stattfindet. Von ihm hängt ab, wie meine Gespräche mit anderen verlaufen. Dieses Innen-Gespräch ist die Auseinandersetzung zwischen dem *Lebensverneiner* und dem *Lebensbejaher* in mir. Wie oft sagen wir Dinge, die wir gar nicht sagen wollen. Wie oft sagen wir glücklicherweise auch Sätze, zu denen wir stehen können. Das wußten schon immer die Märchen und Träume. Das wußte auch der Mythos – jene Sammlung von Erzählungen über die vorgeschichtliche Zeit, die Auskunft geben über das Wesen des Menschen, der Welt und ihrer Ursprünge.

Es scheint nur so, als spräche in uns *eine* Stimme. Doch das ist eine Täuschung. Deshalb ist es wichtig, diese beiden so unterschiedlichen Stimmen zu kennen, damit wir uns selbst besser kennenlernen und den Sinn des Lebens finden können.

Der *Lebensverneiner* in uns lehnt alles ab: uns selbst, die Welt, das Leben. Der *Lebensbejaher* dagegen nimmt alles an: uns selbst, die Welt, das Leben.

Je mehr ein Mensch unter dem Diktat des *Lebensverneiners* denkt, fühlt, spricht und handelt, desto weniger gelingt ihm sein Leben, denn seine Gespräche mit anderen verlaufen in der Regel negativ. Die Folge? Die anderen werden ihn aller Voraussicht nach kaum oder gar nicht akzeptieren. Mangel an Akzeptanz aber ist eine der wichtigsten Quellen für Sinnmangel, und Sinn ist – darf ich es wiederholen? – das stärkste Motiv im Leben.

Je mehr sich ein Mensch dagegen auf den *Lebensbejaher* einläßt und sich mit ihm „verbündet", desto offener und freier kann er sich mit anderen verständigen. Die Folge? Er wird akzeptiert und findet daher leichter die Quellen des Sinns.

Nun zeigt die Erfahrung, daß sich der *Lebensverneiner* von selbst aufdrängt, der *Lebensbejaher* nicht. Er will gesucht werden. Für ihn müssen wir uns entscheiden. Das gilt nicht für alle Gedanken und alle Sätze, die wir sagen, gewiß aber für alle, die Menschliches betreffen.

Die Erfahrung zeigt auch, daß wir dem Lebensverneiner nicht einfach ausgeliefert sind. Wir können lernen, mit ihm so umzugehen, daß er uns nicht beherrscht.

Wodurch?

Dadurch,

- daß uns das innere Zwiegespräch überhaupt bewußt ist,

- daß uns darüber hinaus bewußt ist, ob wir unsere Gedanken und Gefühle auf Störendes oder Aufbauendes, auf Enttäuschungen oder Hoffnungen, auf Streit oder Frieden, auf Unsinn oder Sinn ausrichten,

- daß wir unseren Geist – er ist bekanntlich das innere „Steuerorgan" des Menschen – bewußt auf all das ausrichten, was uns, andere und das ganze Leben fördert, d. h. auf den Lebensbejaher in uns.

Heißt das etwa, daß wir, was immer uns in uns selbst oder bei anderen begegnet, schönfärben sollen? Keineswegs. Der Verneiner erkennt vieles, was nicht in Ordnung oder gar sinnlos ist, durchaus richtig, und der Bejaher bestreitet das nicht. Im Gegensatz zum

Verneiner aber liegt dem Bejaher daran, trotzdem ja zum Leben zu sagen und aus allem das Beste zu machen.

Was gehört denn alles zum „Herrschaftsbereich" des Verneiners? Z. B. die Angst und die zerstörerische Aggressivität, die moralische Überheblichkeit und die Rechthaberei, die Eitelkeit und die Sucht nach dem Besonderen, die Arroganz, die Brutalität, die Antriebsunlust.

Und was gehört zum Bereich des Bejahers? Z. B. die Freiheit und die Liebe, das Engagement und die Verantwortung, die Geduld und die Gelassenheit, die Wahrhaftigkeit und der Mut, die Echtheit und die Güte, die Weisheit und die Heiterkeit.

Anregungen für ein gutes Gespräch

Vorbemerkung: Darf ich Sie bitten, liebe Leser, sich für die folgenden Zeilen zu öffnen und sie nicht gleich realitätsfern zu nennen? Gewiß wird es immer Gespräche geben, die schwierig sind und bleiben. Gewiß gibt es jedoch auch Möglichkeiten, manche „Realitäten" anders als bisher bewältigen zu können.

- Vor einem wichtigen Gespräch ist es mir eine Hilfe, eine Weile allein zu sein und mich zu sammeln. Zunächst lasse ich die Gedanken zu, die mich während des Gesprächs stören könnten. Die meisten ziehen sich von selbst zurück, wenn ich ihnen Beachtung geschenkt habe.
  Dann lasse ich den anderen vor mein inneres Auge kommen, denke und fühle mich in ihn hinein und überlege, was für ihn im Gespräch wichtig sein könnte. Das gleiche gilt selbstverständlich auch für mich.
  Besonders bemühe ich mich darum, keine Aggressionen gegen ihn aufkommen zu lassen, denn sie verhindern die wechselseitige Offenheit.

- Von H. L. Gee stammt diese Geschichte: „Das ist heute euer Modell", sagte der Zeichenprofessor, „eine Vase, ein Apfel oder ein Brot. Ich gruppiere sie so ...

sehr gut ... nun verdunkle ich das eine Fenster ... bitte, ziehen Sie doch den anderen Vorhang etwas beiseite ... das wird gehen ... gut. Sie sehen, meine Damen und Herren, wir müssen unser Modell immer im besten Licht sehen. Das ist ein Grundsatz in der Zeichenkunst und ein Grundsatz im Leben überhaupt. Bevor wir eine Person beurteilen, müssen wie sie zuerst ins beste Licht rücken. Das verborgene Gute kann dann besser zum Vorschein kommen ... Und jetzt wollen wir beginnen".[1]

Wer ein Gespräch über Menschliches so beginnt, daß er dem anderen gegenüber von vornherein z. B. skeptisch, mißtrauisch, übervorsichtig, aggressiv, d. h. mit einer negativen Einstellung, beginnt, entwickelt ein Klima, in dem weder er selbst noch der andere frei und offen sein kann. Dann fühlt sich weder er selbst noch sein Gesprächspartner wohl. Wer dagegen mit jener Einstellung ins Gespräch geht, wie sie der Professor demonstrierte, bildet von vornherein eine Brücke zwischen sich und dem anderen.

---

[1] In: Die Blumen des Blinden, Kurze Geschichten zum Nachdenken, hrsg. von L. Graf, U. Kabitz, M. Lienhard, R. Pertsch, München 1983, S. 90 f.

- Nur dann, wenn *beide* Gesprächspartner über eine Problemlösung miteinander sprechen *wollen*, haben sie gute Chancen, ihr Gespräch zu einem befriedigenden Ende zu führen. Ist nur einer unwillig, so gleichen sie zwei Pferden vor einem Wagen, von denen das eine den Wagen ziehen will, das andere nicht. Wozu das führt, ist vorstellbar.

- Von größter Wichtigkeit für ein gutes Gespräch ist die Bewußtwerdung der Tatsache, daß kein Mensch dem anderen gleicht. Jeder hat seine eigenen Gene, seine eigene Lebensgeschichte und seine eigene Weise, mit seinen biologischen und psychischen Gegebenheiten umzugehen. Ich spreche von seiner Freiheit. Darüber hinaus gehört jeder Mensch einem bestimmten Typus an, der ganz erheblich sein Denken, Empfinden, Fühlen und Handeln bestimmt.[2]

    Was bedeutet das im allgemeinen?

    Ich sehe mich, die Menschen, die Welt in der *mir* eigenen Art, und jeder andere sieht sie auf *seine*. Es gibt auf der ganzen Welt nicht zwei Menschen, deren

---

2   Siehe dazu: Uwe Böschemeyer, Vom Typ zum Original, Die neun Gesichter der Seele, Lahr 1994

Blick auf das Leben und deren Anschauung von Leben identisch wären. Diese Tatsache ist zwar *theoretisch* bekannt, doch sind nur wenige mit ihr *vertraut*.

Wenn also zwei Menschen miteinander über Probleme und Konflikte sprechen, so steht von vornherein fest, daß sie das, worum es geht, aus *unterschiedlichen* Perspektiven beurteilen. Daher ist es verständlich, wenn sie von der Voraussetzung ausgehen, daß das, was sie denken, das einzig Richtige sei. Und daraus resultiert der weitaus größte Anteil von Streit.

Was bedeutet das für die Praxis des Gesprächs?

Etwas sehr Anspruchsvolles und doch ungemein Befreiendes. Davon soll im folgenden die Rede sein.

- Mir ist kein Mensch bekannt, der nicht beglückt wäre, wenn ihm ein anderer aufmerksam zuhörte. So viele sind es jedoch nicht, die so zuhören, daß sich der andere dabei wohl fühlt.

  Gutes *Zuhören* ist zunächst die Bereitschaft, den anderen nicht zu unterbrechen und ihn aussprechen zu lassen. Gutes Zuhören ist darüber hinaus die Fähigkeit, die eigenen Meinungen und Vorstellungen eine Weile zurückzustellen und sich in das einzudenken und einzufühlen, was der *andere* denkt und fühlt. Das bleibt dem Sprechenden nicht verborgen und führt dazu, daß er offener wird und vielleicht Dinge ausspricht, die ihm selbst bislang nicht klar waren.

Das ist für den Hörenden interessant und aufschlußreich und der erste Schritt, ihn verstehen zu können. Nicht nur das: Er selbst fühlt sich wohl, weil er bemerkt, daß der Sprechende eine Brücke zu ihm zu bauen beginnt.

Wenn einer dem anderen aufmerksam zuhört, entwickelt sich in beiden nicht nur *Offenheit* füreinander, sondern auch *Achtung* voreinander und damit *Vertrauen* zueinander. Und diese drei Haltungen gehören zu den *Grundlagen* für ein gelingendes Gespräch. Denn sie lassen das nicht zu, wodurch so oft Gespräche zur Farce werden: Taktik, Strategie, Verschleierung, Diplomatie und vor allem das Schuldverschiebespiel.

- Dieses „Spiel" ist uralt. Es begann im alten Israel damit, daß Menschen sich ihres Versagens und Fehlverhaltens bewußt wurden, es jedoch, bevor sie sich mit ihm auseinandergesetzt hatten, dem berühmten „Sündenbock" aufbürdeten. Die Idee war faszinierend, die Praxis wenig befriedigend. Bald ging den sensibleren

Zeitgenossen von einst auf, daß eine solche Entladung keineswegs die erhoffte Befreiung brachte.

Seltsamerweise können selbst wir Aufgeklärten von diesem Spiel nicht lassen. Wir bemühen zwar keinen Bock mehr, sondern in der Regel Menschen, die sich für „Projektionen" eignen. Doch befreiend sind auch sie nicht.

Was wäre denn befreiend?

Fragen sind wichtig, vor allem diese:

Was gestehe ich ungern ein, auch mir selbst? Denn all die Ungereimtheiten, die ich in mir unter Verschluß halte, sind für das Verschiebespiel besonders „geeignet". Oder: Kann es sein, daß das, was mich an dem anderen ärgert oder aufregt, mein eigenes Problem ist, das ich auf ihn übertragen habe?

Zweifellos verliefen viele Gespräche viel freundlicher, produktiver und heilsamer, wenn wir so weit wie möglich auf dieses unwahrhaftige Spiel verzichteten. Wie viele strapaziöse Machtkämpfe fänden nicht statt! Wie viele Aggressionen blieben aus! Wie viele Gefühle von Überlegenheit und Unterlegenheit würden *nicht* die Gespräche vergiften.

- Wie gut tun uns Menschen, die uns nicht bewerten, sondern uns *sein* lassen.

  Sie sind Balsam für die Seele. Und ihre Ausstrahlung hat gute Folgen: Wir öffnen uns. Wir sind hörwillig. Wir sind dem anderen zugewandt. Wir sind selbstkritisch. Wir sind wahrhaftig. Und seltsam: Gerade weil sie uns sein lassen, wie wir sind, und nicht an uns „herumkriteln", fällt es uns leicht, an uns zu verändern, was änderungsbedürftig ist.

  Wenn Menschen Menschen nicht bewerten, entsteht ein heilendes Klima. Dann fühlen sie sich angenommen. Dann nehmen sie sich selbst an. Dann nehmen sie andere an. Dann sprechen sie gern. Dann leben sie gern.

- Es gibt zwei Formen von Sprache. Die eine nennen wir die *instrumentale*, die andere die *mediale*. Die *instrumentale* ist vor allem rational, logisch, analytisch, abstrakt, die *mediale* dagegen gefühlvoll, intuitiv, bildhaft. In Gesprächen, in denen es um Problem- und Konfliktlösungen geht, sind selbstverständlich beide Formen gefragt. Wichtig ist nur, daß beide in einem ausgewogenen Verhältnis zueinander zur Sprache kommen.

Spricht jemand nur gefühlvoll, dann hat er nicht hinreichend die Tatsachen im Blick. Spricht jemand nur rational, so übersieht er, daß alle Gedanken und Handlungen Gefühle auslösen – und seien sie noch so unbewußt.

Ein Beispiel für ein Gespräch, in dem ein Mann primär instrumental und die Frau primär emotional spricht. Sie, liebe Leser, werden rasch erkennen, warum die beiden sich nicht verstehen.

Sie: Ich fühle mich seit langem nicht mehr wohl bei dir.
Er: Wieso? Du hast doch alles. Wir haben ein schönes Haus. Wir haben genug Geld. Wir sind gesund. Es geht uns doch gut.
Sie: Aber ich fühle mich trotzdem unglücklich.
Er: Das mußt du mir schon erklären!
Sie: Ich fühle mich irgendwie von dir vernachlässigt. Ich komme mir so überflüssig vor.
Er: Was heißt „vernachlässigt"? Ich rauche nicht. Ich trinke nicht. Ich bin nicht im Kegelclub. Ich bin immer so oft wie möglich zu Hause. Und ich soll dich vernachlässigen?
Sie: Siehst du: Ich möchte mit dir reden, und du schimpfst nur.

Er: Das nennst du „schimpfen"? Ich nenne nur die Tatsachen beim Namen.
Sie: Du mit deinen Tatsachen! Du kommst mir manchmal vor wie ein Roboter.
Er: Tatsache ist, daß du mir nicht klipp und klar sagen kannst, warum du dich bei mir nicht wohl fühlst.

Ein Beispiel, in dem beide Sprachformen zusammenfließen:

Sie: Ich fühle mich seit langem nicht mehr wohl bei dir.
Er (schweigt, dann): Das tut mir leid. Woran mag das liegen?
Sie: Du bist zwar oft zu Hause, aber wenig bei mir.
Er: Ich verstehe dich noch nicht ganz.
Sie: Du bist, scheint mir, in Gedanken oft im Geschäft: bei deinen Kunden, bei deinem Ärger, bei deinen Zahlen.
Er (nachdenklich, dann nach einiger Zeit): Das kann schon sein. Wahrscheinlich hast du recht.
Sie: Kürzlich habe ich geträumt: Wir beide sind in der Wüste und suchen vergeblich nach Wasser.
Er (bedrückt): Ich verstehe. Daß es so weit mit uns gekommen ist ... Aber auch ich komme mir manchmal wie ein trockner Schwamm vor.

Sie: Kannst du gar nichts an deinem Streß ändern?
Er: Das ist nicht leicht. Ich will versuchen, einiges zu ändern – schon dir zuliebe.
Sie: Woran denkst du?
Er: Zum Beispiel daran, eher nach Hause zu kommen, das neue Projekt dem neuen Kollegen zu überlassen. Vor allem will ich darüber nachdenken, warum ich dich so wenig im Blick hatte.

- Ich schätze in Gesprächen die *Frage*. Nicht, um den anderen auszufragen oder mich eigenen Meinungen zu entziehen. Ich schätze sie, weil ich von der Voraussetzung ausgehe, daß das, was ein Mensch äußert, oft nur die Oberfläche dessen ist, was wirklich in ihm vorgeht. Denn die Seele ist ein „Speicher" und Netzwerk von Gedanken- und Gefühlsvarianten von unermeßlicher Weite. Anders gesagt: Sie ist äußerst vielstimmig, viel meinend und vielsagend. Deshalb ist das, was ein Mensch *zunächst* zum Ausdruck bringt, nur ein Bruchteil dessen, was in ihm tatsächlich vorgeht.

  Wichtig ist auch, nicht nur auf den allgemeinen Gesprächsverlauf, sondern auch auf *einzelne* Wörter zu achten und dem anderen das eine oder andere noch einmal hinzuhalten.

- Ein einfaches Beispiel:
  Mein Gesprächspartner sagt z. B., er sei wütend auf mich.
  Ich erschrecke einen Augenblick und merke selbst einen aggressiven Impuls, sage dann jedoch:
  Ist da noch ein anderes Gefühl?
  Er (nach einigem Nachdenken): Ja, ich bin auch traurig, daß wir so miteinander reden.
  Ich: Traurig über dich oder mich?
  Er: Auch über mich.
  Ich: Ist darunter noch ein anderer Gedanke oder ein Gefühl?
  Er: Vielleicht haben wir ja nun die Talsohle in unserer Beziehung erreicht, so daß es nur noch besser werden kann.
  Ich: Was könnte denn besser werden?
  Er: Unsere Offenheit füreinander.
  Ich: Und wie sieht es mit der Hoffnung darauf aus?
  Er: Groß ist sie nicht, aber sie ist noch da.
  Ich: Meinst du, sie könnte wachsen?
  Er (noch ein wenig trotzig): Das hängt nicht nur von mir ab.
  Ich: Was macht deine Wut?
  Er: Das siehst du ja. (Er lächelt, wenn auch noch ein wenig gequält).

Ob Sie meinen, ein solches Gespräch sei zu künstlich? Das glaube ich nicht. Es ist nur unüblich. Es ist nur ein aufmerksames Gespräch. Und die Erfahrung zeigt, daß es rasch in tiefere Dimensionen führt.

- Manchmal ist es gut zu *schweigen*, z. B. dann, wenn ein wichtiger Satz gesagt wurde. Oder dann, wenn im Augenblick nichts Wichtiges zu sagen ist. Auch die *Kultur der Wortsuche* ist ein Aspekt des Schweigens. Sie scheint mir besonders in dieser Zeit wichtig zu sein. Wer sich Zeit nimmt, so lange nach einem stimmigen Wort zu suchen, bis es den anderen trifft oder berührt, vertieft das Gespräch. Selbstverständlich sollte er auch dem anderen Raum geben, das Wort, das bei ihm „angekommen" ist, auf sich wirken zu lassen.

    Schweigen kann ehrlich sein, auch vertrauensbildend, besonders dann, wenn beide es zulassen. Nicht selten vertieft es die Beziehung zwischen den Gesprächspartnern.

- Das Wesen des menschlichen Geistes ist seine Intentionalität. Hinter diesem abstrakten Satz steht die nachprüfbare Realität, daß er nur dann aktiv und wirksam ist, wenn er sich auf wert-volle und anschauliche Ziele ausrichten kann. Das heißt praktisch:

Geht es um ein wichtiges Gespräch, dann gilt, möglichst *lösungsorientiert* zu sein und sich das Ziel konkret zu vergegenwärtigen. Das bedeutet, die „Kugel der Hoffnung" über den Fluß zu werfen – in der Erwartung, daß ich das andere Ufer erreiche. Darüber hinaus geht es um die plastische Bewußtmachung dessen, wozu wir uns getroffen haben. Das darf jedoch nicht dazu führen, die Barrieren vor den Zielen achtlos zu übersehen.

Hilfreich ist ein Gespräch nur dann, wenn *neue* Wirklichkeiten entstehen. Denn wenn es nicht nur eine bloße Unterhaltung oder ein „Sprachereignis" sein soll, wird aus dem Gespräch Handlung.

Gesprächsfallen

Es gibt Gesprächsfallen, die man kennen sollte. Sie sind Produkte des Lebensverneiners. Man nennt sie oft „normal" oder „realistisch". Gerade sie aber sind die größten Barrieren auf dem Weg der Verständigung.

Gesprächsfallen nenne ich Situationen, in denen es Gesprächspartnern nicht darum geht, für *beide* ein befriedigendes Ziel zu erreichen, sondern darum, die *eigenen* Wünsche und damit *sich selbst* durchzusetzen.

Im folgenden gehe ich kurz auf eine Reihe *typischer* Fallen ein. Sie stellen allerdings keineswegs das ganze Spektrum der Möglichkeiten dar, die Gespräche behindern. Auch die Lösungsmöglichkeiten sind nur Beispiele. Vielleicht findet der eine Leser sie treffend, für den anderen sind sie möglicherweise ein Anreiz, nach Alternativen Ausschau zu halten.

- Wenn der eine in Not ist und der andere darauf gönnerhaft, moralistisch, mit Rat-Schlägen reagiert oder mit der Bemerkung aufwartet, „das" habe er schon lange kommen sehen, fühlt sich der andere gedemütigt und daher „kleingemacht".

Beispiele: „Ach, weißt du, du hast ja mich ..." Oder: „Ich

an deiner Stelle hätte mich nie darauf eingelassen..."
Oder: „Das nächste Mal solltest du..."
Oder: „Man darf eben bei solchen Entscheidungen nicht zu voreilig sein..."
Oder: „Das hättest du nie tun dürfen..."
Lösungsmöglichkeit: „Ob du einmal darüber nachdenkst, wie diese Sätze auf mich wirken?"

- Wenn sich der eine öffnet und der andere ihn nur beobachtet, *sich* also zurückhält, wird sich der Offene irgendwann beschämt fühlen.

  Beispiele (Sätze des Offenen): „Du sagst ja gar nichts..."
  Oder: „Nun habe ich dir so viel von mir erzählt, und ich weiß gar nicht, was du denkst." Oder: „Entschuldige, daß ich dir das alles erzählt habe." Oder: „Wahrscheinlich habe ich dich jetzt gelangweilt..."
  Lösungsmöglichkeit: „Seltsam: Ich bemerke gerade, daß du mir ganz ferngerückt bist."

- Eine andere Gesprächsfalle ist die indirekte Kritik. Sie behindert die Offenheit und stört den anderen in seiner Aufmerksamkeit (Was wollte er mir eigentlich sagen?).

Beispiele: „Ich staune darüber, wie chic sich deine Schwester anzieht." Oder: „Weißt du noch, wie gut du dich früher durchsetzen konntest?" Oder: „Es war für dich sicher nicht leicht, dem Gespräch zu folgen."
Lösungsmöglichkeit: „Du wirst es kaum glauben – aber ich verstehe auch direkte Kritik."

- Wenn einer den anderen gut kennt und ihn an seiner *Schwachstelle* angreift, macht er sich ihm überlegen. Die Folge: Der andere zieht sich zurück, oder er entschuldigt sich, oder er wird aggressiv, oder er beginnt zu weinen. Wie immer er auf den von ihm so empfundenen „Angriff" reagiert – zu einem partnerschaftlichen Gespräch führt dieses Verhalten nicht.

Beispiele: „Hast du nicht selbst gesagt, du könntest nicht gut mit Geld umgehen?" Oder: „Meinst du, daß du deinem Job gewachsen bist?" Oder: „Traust du dir das Gespräch mit dem Chef wirklich zu?" Oder: „Vermutlich wirst du ,das' nie lernen … "
Lösungsmöglichkeit: „Was hast du mit mir vor? Möchtest du mich entmutigen oder ermutigen?"

- Mancher wartet in Auseinandersetzungen darauf, bis der andere *weich* wird, weil er nicht mehr kämpfen mag. Dann wird der „Wartende" vielleicht großmütig, mitleidsvoll oder gar schamlos. Die Folge: Der andere „kapituliert" und ist vor allem damit beschäftigt, sein Verhalten zu erklären, zu rechtfertigen oder es als Stärke umzudeuten. Das Gespräch verliert seine Mitte. Nicht mehr das Thema steht im Mittelpunkt, sondern der (bereits entschiedene) Machtkampf.

    Beispiele: „Also, mein Lieber, du siehst ‚es' also ein ..." Oder: „Ich wußte ja, daß du vernünftig bist ..." Oder: „Du weißt, daß ich mich in diesen Dingen selten täusche." Oder: „Macht ja nichts. Jeder kann sich ja mal irren ..."
    Lösungsmöglichkeit: „Du hast das Spiel gewonnen. Fühlst du dich auch wohl?"

- Zu den allgemein üblichen Gesprächsfallen gehört auch die Neigung, dem anderen ungerechtfertigte *Schuldgefühle* zu „machen". Das führt dazu – wenn der andere sie zuläßt –, daß sich der Beschuldigte moralisiert fühlt. Die Folge kann sein, daß er sich dem anderen unterwirft oder sich zu entschuldigen oder zu rechtfertigen versucht. Vor allem aber fühlt er sich entwertet. Das bis dahin vielleicht partnerschaftliche Gespräch bekommt ein Gefälle.

Beispiele: Wenn eine Frau sich mehr als bisher um die Kinder kümmern möchte, weil sie Schulprobleme haben und der Mann ihr sagt: „Du liebst mich wohl nicht mehr " –, wenn ein Mann keinen Weg findet, wie er die geforderten Überstunden in der Firma verhindern kann, und sie ihm sagt: „Ich bin dir wohl nicht mehr wichtig" –, dann wird der so entstehende Streß vermutlich kein bekömmliches Gesprächsklima aufkommen lassen.
Lösungsmöglichkeit: „Bitte versuch einmal, meine Situation mit meinen Augen zu sehen."

- Wenn der eine *Ablenkungsmanöver* versucht, um einer notwendigen Auseinandersetzung aus dem Weg zu gehen, reizt er den anderen zur Ungeduld und begibt sich selbst der Möglichkeit zu klären, was klärungsbedürftig ist.

  Beispiele: „Bevor wir darüber sprechen, muß ich dir noch unbedingt erzählen, was gestern abend passiert

ist." Oder: „Eines muß ich dir lassen: Du sprichst die Dinge immer gleich an. Wo hast du das gelernt?" Oder: „Bevor wir anfangen – wie geht's deiner Frau?"
Lösungsmöglichkeit (humorvoll): „Eines muß ich dir lassen: Du bist noch immer ein Meister der Ablenkung. Also: Wo waren wir stehengeblieben?"

- Zu den Gesprächen, die mit Sicherheit keine Lösungen schaffen, gehören jene, in denen jemand einen gegenwärtigen Konfliktstoff in die *Vergangenheit* verlagert oder *grundsätzlich* wird. Selbstverständlich bleibt dann das aktuelle Problem ungelöst.

  Beispiele: „Merkst du, daß du mit mir so redest, wie deine Mutter mit deinem Vater geredet hat?" Oder: „Es fällt mir auf, daß du deinem Vater immer ähnlicher wirst." Oder: „Kannst du oder kann irgendein anderer ‚das' überhaupt beurteilen?" Oder: „Wir müssen erst einmal klären, von welchen Voraussetzungen wir das Problem angehen sollten."
  Lösungsmöglichkeit (humorvoll): „Bist du der Meinung, daß wir einen so langen Anlauf brauchen, um zur Sache kommen?"

- Wer hört nicht gern ein anerkennendes Wort? Es ist allerdings ein Unterschied, ob einer dem anderen begründet etwas Positives sagt oder ihm nur *schmeichelt*. Schmeicheln ist der unangenehme Versuch, durch nicht ganz ernst gemeinte Lobreden den anderen für sich zu gewinnen und/oder eine schwierige Gesprächssituation zu umgehen. Wer darauf hereinfällt, ist gegenüber dem Schmeichler nicht mehr frei. Wer die Schmeichelei durchschaut, wendet sich wahrscheinlich von ihm ab.

Beispiele: „Wie du das wieder gesagt hast! Ich wollte, ich könnte so reden wie du." Oder: „Du bist in deinem Fach einfach besser als alle anderen." Oder: „Weißt du eigentlich, wie toll du heute aussiehst?"
Lösungsmöglichkeit: „Kann es sein, daß du mir schmeicheln möchtest? Das würde mich bedrücken."

Eine Variante des Schmeichelns besteht darin, in einer konkreten Situation einem anderen mit *gezielter* Freundlichkeit zu begegnen, um eine bestimmte Absicht durchzusetzen.

Beispiel: Nehmen wir an, jemand in der Firma hat ein

Teamgespräch, in dem er auf die Unterstützung eines Kollegen angewiesen ist, mit dem er bislang nichts zu tun haben wollte. In dem Gespräch sagt er plötzlich, ohne seinen Sinneswandel zu begründen: „Es wird dich zwar überraschen, aber du gehörst zu den Kollegen, die ich am meisten schätze." Der so Gepriesene wird sich über die ihm bis dahin nicht bekannte „Wertschätzung" wahrscheinlich wenig erfreut zeigen.
Lösungsmöglichkeit: „Ich bewundere deinen Gesinnungswandel. Er kommt offenbar zur rechten Zeit."

- Auch das kann eine Falle sein, wenn der eine bewußt die „Marschrichtung" des Gesprächs verändert in der Erwartung, der andere werde ihm dann entgegenkommen.

Beispiel: Im Gespräch soll es darum gehen, wer die Renovierung der Wohnung bezahlt, der Vermieter oder der Mieter. Der Vermieter sagt: „Kürzlich bot mir jemand für dieses Haus viel Geld. Ich bin aber ein sozialer Mensch und weiß daher noch nicht, ob ich mich auf das Angebot einlassen soll …"
Lösungsmöglichkeit: „Ich würde an Ihrer Stelle darüber

nachdenken, was für Sie wichtiger ist: das viele Geld oder die soziale Einstellung?"

- Es gibt echte Tränen, und die wollen wir mit Anstand und Mitgefühl respektieren. Es gibt auch Tränen, die geweint werden, um den anderen gefügig zu machen und ihn daran zu hindern, Kritisches zu sagen.

Beispiel: Eine Frau möchte mit ihrer Freundin darüber sprechen, warum sie mit einer anderen über sie „getratscht" habe. Daraufhin beginnt die Freundin zu weinen.
Lösungsmöglichkeit: „Worüber weinst du? Über dich und dein ‚Tratschen' – oder aus Angst vor diesem Gespräch?"

- Zu den unangenehmsten Fallen gehört das Kolportieren von *Gerüchten* über den Gesprächspartner, besonders dann, wenn sie die Funktion haben, ihm sein Selbstwertgefühl zu nehmen.

Beispiele: „Ich glaube, ich sollte dir das sagen: Kürzlich hörte ich jemanden sagen, du hättest mit deinem Mann Probleme ..." Oder: „Ich habe gehört, daß ihr

Geldsorgen habt..." Oder: „Stimmt es, daß euer Sohn Haschisch raucht?"
Lösungsmöglichkeit: „Möchtest du mit *mir* sprechen? Möchtest du über das *Gerücht* sprechen? Weh tun möchtest du mir *nicht*?"

- Wenn einer dem anderen sagt, er möge nicht so aggressiv sein – und der andere ihm ohne Grund ein ähnliches Verhalten vorwirft, ist das Gespräch auf der Stelle gestört.

  Beispiel: Der eine: „Ich mag es nicht, daß du in einem solchen Ton mit mir sprichst." Der andere: „Das sagst ausgerechnet du? Merkst du nicht, wie aggressiv du bist? Du solltest mal in den Spiegel sehen!"
  Lösungsmöglichkeit: Schweigen. Dann (humorvoll): „Wollen wir das Gespräch noch einmal beginnen?"

- Ein kluger Mann sagte einmal, man solle nicht einen Menschen, sondern, wenn es denn unvermeidlich sei, nur *etwas an ihm* hassen. Im anderen Fall verkenne man dessen wahres Wesen.

  Das bedeutet im Blick auf Gespräche: Wer einen Menschen haßt, leidet an Wahrnehmungstörungen.

Er verallgemeinert die Schwächen und „Fehler" des anderen und übersieht seine liebenswerten Seiten. Denn ein Mensch ist immer „mehr" als das, was er sagt und tut. Deshalb gelingt kein Gespräch, in dem einer dem anderen z. B. sagt: „Du *bist* ein Heuchler, ein Versager, ein Lügner."

Die beste *Lösungsmöglichkeit* besteht darin, den anderen – so bald wie möglich – auf das *konkrete* Heucheln, Versagen oder Lügen anzusprechen.

- Die wahrscheinlich fatalste Gesprächsfalle ist die *Unwahrhaftigkeit* (oder sollte ich präziser „Lüge" sagen?). Wer lügt, verschleiert die Tatsachen und läßt den anderen in die Irre laufen. Vertraut der andere ihm, geht er von Voraussetzungen aus, die in der Folgezeit möglicherweise sein ganzes Leben stören. Vertraut er ihm nicht, so ist der weitere Verlauf des Gesprächs eine Farce – es sei denn, er konfrontierte den Lügenden mit seinen Zweifeln.

Für diesen Punkt gibt es leider so viele Beispiele, vor allem in Beziehungen, daß sich Veranschaulichungen erübrigen.

Lösungsmöglichkeit: „Leicht kommt es mir nicht von der

Zunge – aber ich habe den Eindruck, daß du mir nicht die ganze Wahrheit sagst."

Zehn Leitsätze für ein gutes Gespräch

1. Die innere *Vorbereitung* auf ein wichtiges Gespräch ist die erste Bedingung dafür, daß es gelingt. Dazu gehört vor allem die Frage, ob ich mich selbst und den anderen bejahe oder verneine und was ich in dem bevorstehenden Gespräch mit dem anderen gemeinsam erreichen möchte.
2. Nur wer ein Problem- und Konfliktgespräch wirklich *will*, hat die Chance, mit dem anderen Lösungen gemeinsam zu finden. Und nur wer den anderen nicht nur von seinen Grenzen, sondern auch von seinen *Möglichkeiten* her ansieht, hat die Chance, sie entfalten zu helfen.
3. Wenn der eine den anderen *sich* aussprechen läßt, erfährt er bereits viel von ihm *selbst*. Wenn er ihm zuhört und sich in das, was er sagt, einhört, wird er mit seiner Andersartigkeit vertraut.
4. Die Erkenntnis und *Anerkenntnis* der Andersartigkeit des anderen ist eine der wichtigsten Voraussetzungen für das Gelingen eines Gesprächs. Diese Tatsache sich immer wieder neu bewußt zu machen, ist mühsam, doch hilfreich.
5. Kein Gespräch ist befriedigend, wenn sich ein oder gar beide Gesprächsteilnehmer nur *beobachtend* verhalten, sich also nicht füreinander öffnen.

6. Ebensowenig verstehen sich zwei Menschen, wenn sie entweder nur sachlich oder nur emotional miteinander sprechen. Denkendes *und* fühlendes Sprechen gehören zusammen.
7. Dauerhaft *aggressives* Sprechen führt nie zu Lösungen, denn es ist Ausdruck von Rechthaberei, Machtkampf und Ichbezogenheit.
8. Jedes *Schuldverschiebespiel* stört das Gespräch. Wenn der eine damit beginnt, ist es wichtig, daß der andere es soweit wie möglich durchschaut und es beim Namen nennt. Doch besteht durchaus die Möglichkeit, daß er selbst diesem Spiel erliegt.
9. Kenntnis und *Vermeidung* von Gesprächsfallen verhindern sinn-lose Gespräche.
10. Schweigen kann kreativ und vertrauensbildend sein.

Edition Lebensfragen im Ellert & Richter Verlag

Gedanken nehmen Einfluß auf unsere Gefühle, unsere Entscheidungen und unser Handeln. Uwe Böschemeyer zeigt, wie wir negative in positive Gedanken verwandeln können.

€ 7,50 [D]/sFr 13,90/€ 7,80 [A]
ISBN 3-8319-0032-9

Kein Mensch kann Sinn für einen anderen finden. Jeder findet ihn nur für sich selbst. Der Autor gibt in diesem Band Anleitungen zur Sinnfindung für das eigene Leben.

€ 7,50 [D]/sFr 13,90/€ 7,80 [A]
ISBN 3-8319-0033-7

Uwe Böschemeyer gibt in diesem Band Denkanstöße, wie man sich trotz mancher Mängel und Schwächen annehmen kann, und zeigt, wie ein gutes, selbstbejahendes Leben möglich ist.

€ 7,50 [D]/sFr 13,90/€ 7,80 [A]
ISBN 3-8319-0035-3

Uwe Böschemeyer beschreibt die verschiedenen Ausdrucksformen von Träumen und regt dazu an, sich auf Träume einzulassen, um sie zu einer Hilfe fürs Leben werden zu lassen.

€ 7,50 [D]/sFr 13,90/€ 7,80 [A]
ISBN 3-8319-0034-5

Diese Jahrbuch ist eine starke Herausforderung, Leben zu bejahen. Es ist mit Herz und Verstand in einer einfachen und emotionalen Sprache geschrieben. Der Autor beschreibt, welche Wege zu Sinn und Glück möglich sind.

€ 12,90 [D]/sFr 23,70/€ 13,30 [A]
ISBN 3-8319-0016-7

Die Lehre des Enneagramms beschreibt neun Menschentypen, die sich in Denken, Fühlen und Handeln unterscheiden. Dieses Buch führt verständlich und humorvoll in diese Schatzgrube der Menschenkenntnis ein.

€ 9,90 [D]/sFr 17,70/€ 10,20 [A]
ISBN 3-8319-0090-6

Über den Autor

Dr. Uwe Böschemeyer, Jahrgang 1939, Europäisches Zertifikat für Psychotherapie, Schüler Viktor E. Frankls, von Frankl zur Lehre und Praxis der Logotherapie autorisiert, Autor zahlreicher Bücher und anderer Veröffentlichungen, Gründer und Leiter des „Hamburger Instituts für Existenzanalyse und Logotherapie". Schwerpunkte seiner Arbeit sind neben der „existenzanalytischen Logotherapie" (Ausbildung zum Logotherapeuten) die von ihm begründete „Wertorientierte Persönlichkeitsbildung" (Ausbildung zum Persönlichkeitsmentor) sowie die von ihm entwickelte „Wertimagination".

Anschrift des Autors:
Dr. Uwe Böschemeyer
Hamburger Institut für Existenzanalyse und Logotherapie
Barckhausenstraße 20
21335 Lüneburg
Telefon: 04131/403844
Telefax: 04131/403845
E-Mail: sekretariat@boeschemeyer.de
www.logotherapie-hamburg.de

INFORMATIONEN über die Veranstaltungen des „Hamburger Instituts für Existenzanalyse und Logotherapie" und weitere Literatur von Uwe Böschemeyer sind im Sekretariat erhältlich.